I
HAD
THORNS

ANGELA MARIE

authorHOUSE®

AuthorHouse™
1663 Liberty Drive
Bloomington, IN 47403
www.authorhouse.com
Phone: 1 (800) 839-8640

Published by AuthorHouse 04/17/2018

ISBN: 978-1-5462-3844-7 (sc)
ISBN: 978-1-5462-3843-0 (e)

Print information available on the last page.

This book is printed on acid-free paper.

*I HAD THORNS POEMS by Angela Marie is book about redemption, forgiveness, and the saving power of Jesus Christ.

* I HAD THORNS speaks to challenges people face and the beauty in victories.

*It speaks about the POWER of God's MERCY and the AUTHORITY of the death burial and resurrection of Jesus Christ.

*I HAD THORNS POEMS is a book of hope and life changing decisions.

Poet, Angela Marie's ability to quantum leap into the bodies, the minds, the emotions, the thoughts and feelings of the sinner, the redeemed, the reluctant believer, the abused, the church worker, and even the guilty is uniquely extraordinary. Through these captivating poems, every reader is exposed and introduced to the redeeming blood of Jesus Christ, the power of forgiveness and the hope of restoration. "I Had Thorns" has empowered me to reflect on my past thorns, face my present thorns, and vow to help others be freed from their personal thorns so that we all can experience the life-changing power of Christ.

Dywonne P. Harris-Davis, J.D., MEd, MS

About The Author

Angela Marie is an inspired writer, wife, mother, and born again Christian.

She attended Temple University for her undergraduate degree and earned her Master's degree from Grand Canyon University. She is a recipient of the Curtis Thomas Teacher's Award and served as an Educator of young children for over twenty-five years.

Angela's heart-felt desire is to uplift, encourage, and lead human kind toward a sober and sound emotional state.

Angela enjoys rendering Dramatic-Read-Alouds of her work. Contact her at http://www.poemsbyangelamarie.com/ for an affordable reservation.

See Also: Black White and Mocha Cream Poems and After Sunday Mo'nin' Poems by Angela Marie.

I Had Thorns

BY ANGELA MARIE WRITTEN 7/18/2017 @ 4:04 P.M.

And you spoke of power, love, and a sound mind....
And you spoke of wholeness...
And you spoke of the lordship of Jesus Christ
And HIS love toward me...

Even when my words were abrupt...
And my words towered like a fortress...
And my words diced your intent with venom
Before I guessed your agenda...

You ministered soundness of mind...
And the perfect love of JESUS to me...

Even when I snarled...
And I raised my fists...
And my snarling voice masked my quivering fears...

You ministered with a gesture
Here and there...
Kindness...
Salvation...
Care...

Even when I cried
Because I was confused about how to love...
Because I could not define it...
Because I had been hurt...
And I was chained to chains that cut deep into raw skin
And the love I knew, was painful and unsafe...

You ministered the Love of CHRIST
Though my thorns scarred you...

You watered me
And saw soft petals of my rose,
Though the thorns were loud, long, stretched, and dangerous...

You ministered to my heart and dared to be my friend...

And I have decided to let Jesus in....
To be born again...

Because you saw beyond my thorns
And touched the soft aroma of my petals.

Rose Petals in a bottle...

BY ANGELA MARIE WRITTEN 7/18/29017 @ 4:32 P.M.

My pacifier was in a bottle hidden behind wooden cabinets...
And...
It ruined my taste buds,
But
I couldn't stop...

My safe place was in a bottle hidden behind wooden cabinets...
And...
I coughed up blood...
It ruined my inside...
But
I couldn't stop...

My counselor was in a bottle hidden behind wooden cabinets...
And I was sick without it...
And I thought best when I drank dat dere whisky...
And I didn't stop...

And...
And...
Before I died...
My neighbor and I had a conversation about the LORD...

And between exhaled rings of smoke...
And the desire to go behind the wooden cabinet...
My neighbor said that I could come as I am...
Wretched,
Uncontrolled,
And in need of LOVE DIVINE...

I wasn't drinkin' no wine...
I was hardcore...
I knew I needed the LORD...

3

So, I confessed my sin
And acknowledged the sinful state I was in...
And simply asked Jesus into my heart...
And weeks before I passed,
I had a task....

I grabbed my granddaughter and told my Angie,
Promise me...
That you won't drink or smoke...
Because those fangs are deep and unforgiving...

My life in the alcoholic regard
Was hard...
But know outside of sucking on my poison
that my life was rich, loving, politically sound... and smart...

But
The whisky behind the wooden cabinet....
I could not depart...

So just before I died...
I invited Jesus inside...

It was an important thing for me to do...
How about you?

Thorns on my thighs...

WRITTEN JULY 18, 2017 @ 5:05 P.M.

I wore hemlines low...
And I raised my hand at the benediction...
And sang sincere praises to the MOST HIGH GOD....
And I magnified HIS NAME...

And then...
The thorns on my thighs embraced quite a few men...
And I did it again and again...

And I
ummm....
Tucked the bible under my arm....
And cried real tears...
And I did love God...

And...
I wore hemlines low...
And I raised my hand at the benediction
And sang sincere praises to the MOST HIGH GOD...
And I magnified HIS NAME
Flowing with the flow....

And then...
The thorns on my thighs embraced quite a few men.
And I did it again and again...

And no one knew...

But GOD...
And me...
And them...

And I don't want to do it again…
I've been doing this since the age of 5…

And no one knew…

But God.
And me…
And him…

And some judge me…
With a turned up snout…

I didn't choose this appetite and I want out…
Who can I talk to about this thing…
I have thorns on my thighs and my heart
It stings….

I need pruning
But where do I start…

Jesus help me kill it at the root…
And I know that you love me….
And am reasoning in my mind…

Are you able to love
My
Kind???

Help Jesus to consecrate my heart, my mind and my thighs that have
grown sore…
The only one that understands me….
Is YOU LORD…

I need pruning…
Where do I start….
I'll start by giving you Jesus
More of my heart….

Thorns on my lips

BY ANGELA MARIE WRITTEN JULY 18TH, 2017@ 5:26 P.M.

He walked up the steps and very calmly engaged in casual conversation.
I heard the voice of God tell me to minister Christ to him...
I did not heed...

He talked and we laughed and we conversed about nothing...
I heard the voice of God tell me to minister Christ to him...
I did not heed...

He went home...
And a few days later, he died...
And it was I that denied him an opportunity to accept Jesus in his heart...
So that he would dwell in heaven
And escape hell and its torment...

And I cried and I cried
And my disobedience was a heavy weight....

Until I was told that someone else ministered Christ to his soul....
Someone else ministered telling him about the forgiveness of sins...
Praise the LORD
My friend made it in!!!

So glad his salvation didn't stop with me...
Someone else ministered and told him about the forgiveness of sins...
Praise the LORD
My friend made it in!!!

I don't ever want to miss a moment like that again....
So.....
When I am prompted by the LORD
To minister Christ to someone's life...
I'll do it...

I must
I must minister the forgiveness of sins...
So that souls make it to heaven...
So that souls can live in Christ...
Because truthfully we don't know when death may come...
Who knows....
It may be sooner for some...

Thorns on My Pillow

by Marie.... Written July 21, 2017 @ 5:01 p.m.

And I learned that the Blood or Jesus could reach the images in my sleep...

I rested my head...
And the images chased me
And harassed me and bullied me to wake with a panting fear...

And I was afraid of sleep because of spiritual warfare...
And I rested my head
And blasphemous thoughts paraded within the circumference of my skull...
Images taunting me...
Representing angels that fell...

And I cried...
And I wept...
Not knowing what to do...

And I wept...
And I wept...
Because into my daytime the blasphemous and startling thoughts crept...

I shared my plight with a woman of God...
She was familiar with the places my brain and trauma had trod.
She ministered unwaveringly about the love and power of God.

She interceded for me daily and spoke about the victory of Christ...
She spoke of HIS coming, Death, Burial, Crucifixion, And
Resurrected life...

She spoke of the victory of Jesus Christ ...
Over Satan
And the angels destined to hell.
And as time went on...
I slept well...

I've learned the power of the cross.
I've learned of Christ's victory and love for the lost...

I plead the Blood of Jesus before I go to sleep...
And because of Jesus ...
There is peace in my sleep...

Violent Thorns

by Angela Marie written by Angela
Marie July 21, 2017@ 11:19 p.m.

And he took his gorilla sized hand and dragged her on the floor...
And the sound of glass breaking screamed
but stopped at the door...

And he twisted her hair around his hand and slung her like a ragged doll
And she shivered and broke....
then he grabbed her neck and tightened his grip
and tiny yelps of air escaped her lips...

And he took his gorilla sized fist and punched a hole in the wall
And muttered some words
Into his bottle of alcohol....

Oh the things I heard and saw him do...
I promised my mother,
"I'd never do what he did to you"

And
Here I am at 29...

I saw myself...
An accidental glimpse in the mirror...
I was inflicting the same terror...

I saw her mouth...
Bloodied in and out...
I saw her screaming as I almost choked her out...

And.... The abuse never stops there...
I hurt her so bad that pain was felt way deep in you know where....
And during the acts...
I did not care....

I did not care...

Then I asked a question....
When the infliction was done...
While my son was hiding
And
Compelled to run....

How can I stop...
I'm doing what he did...
And
Can the Lord of lords forgive??

Can he forgive me for these repeated acts I've done....
To her
And
the behaviors and visions seen by my son?

Yes
Yes
Yes

Christ shed his blood for men like me...
I have to confess these secret deeds...

Yes
Yes
Yes

For me HE came
For me to be freed....

In my sober state....
I MUST feed my mind...
The things of Christ...
In order to walk in the newness of life...

It means that I must be honest about my triggers...
Can't blame daddy when I'm acting like a n_____r

In my sober state....
I MUST feed my mind...
The things of Christ...
In order to walk in the newness of life...

So in my sober state of mind....
I asked God to arrest my fist
And to help me to resist...
Violent urges I have seen and become...
And I know the bruises I've caused cannot be undone...

And His love covers a multitude of sin...
And I am inviting Jesus in
Amen...

And HE forgave a man like me...
And I'm asking HIM to prune those violent thistles and violent thorns...
To prune those brewing and explosive storms...

I am man enough to ask for help...
Rather than to make those I love quiver in terror and yelps.

A Not Mine Thorn

BY ANGELA MARIE WRITTEN JULY 22ND, 2017 @ 12:18 A.M.

And
He was married ...
And he glanced his eyes at me...
And I danced my hips
And said nothing with my lips...

And he wasn't mine...
And I didn't care...

And he was married
And with kids...
But his heart was my heart

And he did
what he did...

And I did
what I did.

And our fake-love was true...
And we let the thing do
What it do...

And he wasn't mine...

And though I had him...
I didn't have him...

And he wasn't mine...
And shame came with this game...

And he wasn't mine....

And at some point he let that be known...
Now I should have known better...

So....
Now that I am undone
and tired of hiding this thing betwixt an eclipsed sun....
and I feel disrespected between lustful games...
and acts that bring shame...

he wasn't
isn't mine...

A friend of mine called me with a plea...
She asked if I wanted to be free...

To flee from this plight...
This lust...
This sin...
I told her that I loved him...

My fake-love was truth...

And she reminded me...

"He doesn't belong to you."

She said, "Jesus is willing to forgive you!"
He died for women like you and me....
She said, "Woman do you choose to be free??"
Not just from him, but the sin that engulfs you...

I said "Yes, Yes Yes"

And the magnetic force that pulled me toward him....
Diminished its power...

And that thorn...
I won't pick up again...
A conniving woman
Named me...
Is now born again and free....

Thorns in a Throng

BY ANGELA MARIE WRITTEN JULY 22, 2017 @ 1:00 A.M.

And I laughed
And I danced
And I did a jig
And I followed along
And did what they did...

And I teased
And I bullied
And I laughed
And I danced
And I did a jig
And I followed along
And did what they did...

I felt compelled to do things my way....
To separate from this evil brewing throng...
But the pressure was overwhelming
And I did what was wrong...

And I cheated
And I rumored
And I teased
And I bullied
And I laughed
And I danced
And I did a jig
And I followed along
And I did what they did...

I felt compelled to leave this gang...
Their mindset disturbing
And their negative-talk
Mean...

and
ill
serving...

And I stole
And I maimed
And I killed
And I cheated
And I rumored
And I teased
And I bullied
And I laughed
And I danced
And I did a jig
And I followed along
And I did what they did...

I didn't have the strength to pull away...
But my friend did though
And I saw his strength that day...

They bashed him in conversation
But he didn't seem to care...

And something was different in his quiet stance...
He left the group
to give Christ a chance...

He no longer joined the ill serving throng...
When he did talk...he had a new song...

He wasn't condemning or judgmental you see...
He just talked about Jesus Christ and ...
Calvary....

Because I
stole
And I maimed

And I killed
And I cheated
And I rumored
And I teased
And I bullied
And I laughed
And I danced
And I did a jig
And I followed along
And I did what they did...

I doubted that Jesus could forgive what I did...

He wasn't condemning or judgmental you see.
He just talked about Jesus Christ and...
Calvary....

With tears in my eyes and a lint-strength faith...
I gave my life to Jesus...
My sins HE forgave...

A Thorn of Innocence

WRITTEN BY ANGELA MARIE JULY 22, 2017 @ 1:20 P.M.

I didn't do any of that awful stuff...
Except maybe add to much butter in my wheat of cream...
I was my mother's dream...

I was sheltered and I live pretty good...
I do and did all the things that I should...
I'm good...

I didn't do any of that awful stuff...
Except maybe add too much butter in my wheat of cream...
From what sin do I need to be redeemed?

Then I heard a loud voice booming!

"You were born in and into sin chil'!
And if you don't accept Jesus into your life...
I mean don't let your self appointed innocence cause you an eternal strife!!"

"You need Jesus!" the voice hollered again!!!!
"Good compared to Holiness
Won't get you into Heaven!!!"

Well those words woke me out of my daydream...
The truth of the matter is that we all need to be redeemed.

So, after the preacher said it again
"Good compared to Holiness
Won't get you into Heaven!"

So
I made up my mind...
A sound decision...
To spend my life and relationship with Jesus

Rather than my Innocence Religion...

"You need Jesus!", the voice hollered again!!!!
"Good compared to Holiness
Won't get you into Heaven!!!"

Well those words woke me out of my daydream...
The truth of the matter is that we all need to be redeemed.

Thorns in my bend...

BY ANGELA MARIE WRITTEN JULY 22, 2017 @ 7:48 A.M.

And I gravitate toward those with the same gender parts as mine...
And it's been that way for some time...

And I enjoy my sexual desire...
And according to some my end is
Hell...
Damnation...
Fire...

I have grappled with this thought...
And suffocated myself...
And I made up my mind...
That I prefer to have sex with someone with the same gender parts as
mine...

So what say you preacher?
To someone like me...
I have a partner
And we are married to be...

The wise and quiet talking preacher said to me...
"Whatever your bend...
To fornicate, to lie,
to steal,
to have sexual preference of the same kind...
Here is the bottom line...

You must be born again...

It's all sin...
Whether it is you or me...
And the bends that we bend
And the tilts that we tilt

Have to be given to HIM...

Hell
Damnation
Fire....
Is a fate for all of us
If in Christ we do not trust...

The liar
The thief
The murderer
The child
The man
Must turn their backs on their bend
and in Christ
A new life begin...

There is mercy for you...
Heaven and a relationship with Jesus Christ...
No different than the thief, the liar,
And put me on that list..."

So I listened and I let Jesus in...
Hell damnation and fire
Won't be my end...

I made a choice.

Thorns On My Flowers

BY ANGELA MARIE WRITTEN JULY 24, 2017 @ 12:04 P.M.

A blessing am I...
Yes a beautiful woman...
A diva indeed!

I'm sharp and popping
And smart as can be...
But my poisons are detrimental and deep...

And
With all that I exude...
My poison you can't see...

My poison is like ether...
Because I speak with a smile...
But...intentional discord and guile...
Is what seeps from my aroma...

Suddenly you'll look at
A
Her...
And hate her...

And I'll sit on your husband's lap...

I'm the undertaker...

While you are impressed with my presentation...
I have thorns of ether that run deep...
And there are secrets that I keep...

There is a reason
That I'm your disguised foe...

And there are secrets and reasons
I cannot let go...

Understand me...
And love me...
And be forewarned...

I will stab you
In this war...
Until I am delivered and true...
Guard your heart...
I'm coming to get you...

Rose Petals At The Barstool

by Angela Marie written Monday
July 24, 2017 @ 7:31 p.m.

I ran into the church
straight from the club
No change of clothes
Just the dress I was in...
And the first person I met
Was someone usherin'...

She looked me up and down with disdain in her eyes
I saw in her gaze the stench of despise...

My dress was clearly beyond my knees
Her eyes judged me solely
by what she did see...

Last night in the midst of the party
bullets went flying...
friends went dying...

So with fear in my heart
And knowledge of God's WORD
I ran in my heels
Straight to the church...

I was scared and I knew I needed Jesus right then...
But I almost changed my mind because of the usher's judgin'...

But death was too close...

I let Jesus in...

I walked down the isle in the bedazzled dress beyond my knees
And the smell of joint and laced weed in my weaved hair...

I needed Jesus and I didn't care...

So I ran down the aisle when the call to come to Christ came...
Death was too close
like mist and rain...

I needed an
internal
Eternal
and
Spiritual
change...

But later nobody called me...
Nobody followed up with a call...
the truth is
I didn't know how to walk this walk...

So I went back to the club...
And I had a drink and a roach...
And surprisingly
A little old woman to me
Made an approach...

She said
"I heard your testimony at the church...
that particular day, you were so overwhelmed...
and I am so glad
that you chose heaven over hell...
by the way, I work in this place,
an odd place to discuss God's grace...
I bartend over there...
And I'm going to help you walk this walk...
So put out that roach and let's talk...

let me show you this scripture...

Jesus Loves you my sister..."

Thorn In My Born Again...

BY ANGELA MARIE WRITTEN JULY 24, 2017 @ 10:34 P.M.

I got high on a high
    you can't comprehend...
      the high was a high
        incomprehensible to me!

      I was getting high
        But the high was getting me...

Scheming while scratching my arm...
    I would steal and kill
      To feel the eek of liquid-warmth...

Behind the pew I stood and sang a hymn
    Watching the clock
      And awaiting the benediction...

I would struggle a bit...
    And moments later get right to it...
    And there I went
      On Old Road...
        And oh how my soul
          Cried out each time liquid-warmth took control...

And I went to rehearsal and no one was privy to my shame...
    And yes I struggled....
      While born again....

Going to rehab sounded worse to me than the shame of inhales on Old Road...
    Vomiting and weaning
      NO NO NO....

Then sermons about holiness and the true love of God...
    Complicated the direction my feet
        Slithered and trod...

What am I doing!
Why can't I stop!
Can God help me to help myself!

And I went on preaching and no one was privy to my shame...
    And yes I struggled
        While born again...

So this time as the WORD kept convicting my heart...
    I asked God, "Where do I start?"
Like King David,
I confessed my sins...
    And asked Jesus to cleanse me of this thing...
        And off to rehab I went again...
            And leaned on Christ with all of my might...
                This was a personal and dueling fight!

I vomited and sweated and screamed
    And went through the process to be liquid-warm free...
        And invited the LORD to strengthen me...

And I went on singing and no one was privy to my shame...
    And yes I struggled
        While born again...

So, I vomited and sweated and screamed
    And went through the process to be liquid-warm free...
        And pleaded for the LORD to strengthen me...

        And Jesus set me free again...
            From the substance
                From that incomprehensible high...
                    As if HE loved me...
                        And forgave me of my lies...

HE forgave me of my lies...
HE forgave my sins...
Yes HE did it again....

And I went on deaconing and no one was privy to my shame...
And yes I struggled
While born again...

Pricked By A Petal

BY ANGELA MARIE WRITTEN JULY 25, 2017 @ 2:43 P.M.

She inflicted pain especially while I slept...
She hit and punched and her secret I kept...

She burned me with curling irons
And when least expected slapped and scratched my right eye...
Without any reason her anger was wild...

And when I held her hands to stop her from gauging my face...
She went frantic and tore up the place...
The cops arrested me because she ran out the door...
Her voice was screaming and hollering galore...

I was embarrassed to voice my plight...
A woman beating a man?
Who would believe me...
Who would understand?

She abused and abused me and my esteem shrunk beneath the soles
of my shoe...
Who would believe me...
Who??

She hurled a lamp at me and I ducked just in time...
But on the outside ...
our relationship was sublime...

Who would believe me...
What should I do??
The woman loved me
With the sole of her shoe...

Somehow I feel deserving of these tormenting rants...
But to stop loving her...
I can't...

31

So, I got tired
And I walked away...
And cried in my big hands
And started to pray...

Somehow I feel deserving of these tormenting rants...
But to stop loving her...
I can't...

I felt weak
Not strong
I felt that my loving her was wrong
I felt small
Not big...
I felt broken like a splintered tree twig...

Jesus can YOU understand?
The weakness I feel as a man?

Help me to sort my shame and feelings out...
I am having an emotional and spiritual drought...

Please strengthen me...
And show me YOU....
Honestly, I don't know what to do...

I sense from YOUR presence,
I know YOU understand...
The weakness I feel as a man...

Somehow I feel that YOU love me...
And that YOU want me to be free of burns and cuts and inflictions
when I am sleep...
Somehow YOU don't want me to stand with drooping shoulders afraid
to speak...

I need YOU to rebuild me...
And to affirm that it's okay not to accept love that's not love
but twisted and abusive...
And that there is love for me...

A man...
An abusee...

Wilted Petals and Weakened Stems

BY ANGELA MARIE WRITTEN 7/25/2017 @ 3:22 P.M.

I couldn't pray it away...
I couldn't control it...
I couldn't get up...
I couldn't let go of it...

I cried without reason
And I couldn't stop...
When I did get dressed
I wore mismatched socks...

I didn't care...
I couldn't eat...
All I wanted to do was sleep, sleep, sleep...
And my sleep was dank and deep...

A Christian suffering from depression?
Taking medicine?

I couldn't pray it away...
I couldn't control it...
I couldn't get up...
I couldn't let go of it...

I took the medicine I needed...
And from sadness
And a land of not care
I was freeded...

Yep, I was freeded...

No shame in it...
Just be aware...
My Christian friend...
Take proper care...

Go to the psychiatrist and get the help if you need it...
And from sadness and dank darkness be freeded...

Yes freeded...

No shame in it...
Just be aware...
My Christian friend...
Take proper care...

Printed in the United States
By Bookmasters

*Tuve espinas habla a los desafíos de la gente enfrenta y la belleza en victorias.

*Habla sobre el poder de la misericordia de Dios y la autoridad de la muerte entierro y resurrección de Jesucristo.

* Tuve poemas de espinas es un libro de decisiones cambiantes de vida.

* Tuve poemas de espinas de Angela Marie libro sobre la redención, el perdón y el poder Salvador de Jesucristo.

Poeta, la habilidad de Angela Marie de saltar a los cuerpos, las mentes, las emociones, los pensamientos y sentimientos del pecador, los redimidos, los creyentes reacios, los abusados, los obreros de la iglesia, e incluso los culpables es excepcionalmente extraordinario. A través de estos poemas cautivantes, cada lector es expuesto e introducido a la sangre redentora de Jesucristo, el poder del perdón y la esperanza de la restauración. "tuve espinas" me ha empoderado para reflexionar sobre mis espinas pasadas, enfrentar mis espinas actuales, y jurar ayudar a otros a ser liberados de sus espinas personales para que todos podamos experimentar el poder cambiante de la vida de Cristo.

Dywonne P. Davis-Harris, JD., MEd, MS

Sobre el Autor

Angela Marie es una inspirada escritora, esposa, madre y cristiana nacida de nuevo.

Asistió a la universidad de Temple para su grado de estudiante y obtuvo su maestría de la universidad del Gran Cañón. Recibió el Premio del Maestro Curtis Thomas y sirvió como educadora de niños pequeños por más de veinticinco años.

El deseo sincero de Angela es elevar, animar y conducir al género humano hacia un estado emocional sobrio y sano.

Angela disfruta interpretando Dramático-Leer-Alouds de su trabajo. Póngase en contacto con ella en http://www.poemsbyangelamarie. com/ para una reserva asequible.

Vea también: Poemas negros de la crema del blanco y de la moca y después de los poemas de Mo'nin del domingo de Angela Marie.

Tuve espinas

DE ANGELA MARIE ESCRITO EL 18/7/2017 A LAS 4:04 P.M.

Υ hablaste de poder, amor, y una mente sana ....
Υ hablaste de la totalidad ...
Υ hablaste del señorío de Jesucristo
Υ su amor hacia mí ...

Incluso cuando mis palabras fueron abruptas ...
Υ mis palabras se alzaban como una fortaleza ...
Υ mis palabras cortaron tu intención con veneno
Antes de adivinar su agenda ...

Usted ministró la solidez de la mente ...
Υ el perfecto amor de JESÚS a mí ...

Incluso cuando gruñí ...
Υ levanté mis puños ...
Υ mi voz de gruñido enmascaró mis temores temblorosos ...

Usted ministró con un gesto Aquí y allá...
Amabilidad...
Salvación...
Cuidado...

Incluso cuando lloré
Porque estaba confundido acerca de cómo amar ...
Porque no pude definirlo ...
Porque me habían herido ...
Υ yo estaba encadenado a cadenas que cortaban
profundamente la piel cruda

Υ el amor que yo conocía, era doloroso e inseguro ...

Usted ministró el Amor de Cristo
Aunque mis espinas te asustaron ...

Me regasaste
Y vio pétalos suaves de mi rosa,
Aunque las espinas eran fuertes, largas,
estiradas y peligrosas ...

Usted ministró a mi corazón y se atrevió a ser mi amigo ...

Y he decidido dejar que Jesús ....
Nacer de nuevo

Porque viste más allá de mis espinas Y tocó el suave aroma de mis pétalos.

Pétalos de rosa en una botella ...

POR ANGELA MARIE ESCRITO 7/18/29017 @ 4:32 P.M.

Mi chupete estaba en una botella escondida detrás de gabinetes de madera ...
Y...
Arruinó mis papilas gustativas,
Pero No pude dejar de ...

Mi lugar seguro estaba en una botella escondida detrás de los gabinetes de madera.
Y...
Tosí sangre Arruinó mi interior
Pero No pude dejar de ...

Mi consejero estaba en una botella escondida detrás de gabinetes de madera ...
Y yo estaba enfermo sin ella ...
Y pensé mejor cuando bebí que dere whisky ...
Y no me detuve ...

Y...
Y...
Antes de morir
Mi vecino y yo tuvimos una conversación
sobre el Señor ...

Y entre anillos de humo exhalados ...
Y el deseo de ir detrás
del gabinete de madera ...

Mi vecino dijo que podía venir como yo ...
Desdichado, Sin control,
Y en necesidad de AMOR DIVINO ...

No estaba bebiendo vino ...
Yo era hardcore
Sabía que necesitaba al Señor ...

Así que confesé mi pecado
Y reconoció el estado pecaminoso en que estaba ...
Y simplemente preguntó a Jesús en mi corazón ...
Y semanas antes de que yo pasara,
Tuve una tarea ....

Agarré a mi nieta y le dije a mi Angie,
Prometeme...
Que no beba ni fume ...
Porque esos colmillos son profundos e implacables ...

Mi vida en el alcohólico Fue duro...
Pero sé fuera de chupar mi veneno
Que mi vida era rica, amorosa, políticamente sólida ...
y inteligente ...

Pero
El whisky detrás del gabinete de madera ....
No podía partir ...

Así que justo antes de morir ...
Invité a Jesús a entrar ...

Era algo importante para mí hacer ...
¿Qué hay de tí?

Espinas en mis muslos ...

ESCRITO EL 18 DE JULIO DE 2017 A LAS 5:05 P.M.

Llevaba bajos bajos ...
Y levanté la mano ante la bendición ...
Y cantó alabanzas sinceras al DIOS MÁS ALTO ....
Y amplié SU NOMBRE ...

entonces...
Las espinas de mis muslos abrazaban a unos cuantos hombres ...
Y lo hice una y otra vez ...

Y yo
Ummm
Tocó la Biblia bajo mi brazo ....
Y lloró lágrimas reales ...
Y yo amaba a Dios ...

... Llevaba bajos bajos ...
Y levanté la mano hacia la bendición
Y cantó alabanzas sinceras al DIOS MÁS ALTO ...
Y yo amplié su nombre Fluye con el flujo ....

Y entonces...
Las espinas de mis muslos abrazaban a unos cuantos hombres.
Y lo hice una y otra vez ...

Y nadie lo sabía ...

Pero DIOS ...
Y yo...
Y ellos...

Y no quiero hacerlo de nuevo ...
He estado haciendo esto desde los 5 años ...

Y nadie lo sabía ...

Pero dios Y yo...
Y él...

Y algunos me juzgan ...
Con un hocico vuelto ...

No elegí este apetito y quiero salir ...
¿Con quién puedo hablar de esto?
Tengo espinas en mis muslos y mi
corazón
Pica ...

Necesito podar
Pero por dónde empiezo ...

Jesús me ayuda a matarlo en la raíz ...
Y sé que me amas ....

Y estoy razonando en mi mente ...

Eres capaz de amar
Mi
¿¿¿Tipo???

Ayuda a Jesús a consagrar mi corazón, mi mente y mis muslos que se
han endurecido ...
El único que me entiende ....
Eres tú, Señor

Necesito podar ...
Dónde empiezo....
Comenzaré dándote Jesús
Más de mi corazón ....

Espinas en mis labios

POR ANGELA MARIE ESCRITO 18 DE JULIO 2017 @ 5:26 P.M.

Subió los escalones y se dedicó a una conversación muy tranquila.
Oí la voz de Dios decirme que le ministrara Cristo ...
Yo no escuché

Habló y nos reímos y conversamos sobre nada ...
Oí la voz de Dios decirme que le ministrara Cristo ...
Yo no escuché

El se fue a casa...
Y unos días después murió ...
Y fui yo quien le negó la oportunidad de aceptar a Jesús en su corazón ...
Para que él morara en el cielo
Y escapar del infierno y su tormento ...

Y lloré y lloré
Y mi desobediencia era un peso
pesado ....

Hasta que me dijeron que alguien más ministró a Cristo a su alma ....

Alguien más ministró diciéndole sobre el perdón de los pecados ...
Alabado sea el Señor
Mi amigo hizo en !!!

Tan contenta que su salvación no se detuvo conmigo ...
Alguien más lo ministró y le habló del perdón de los pecados ...
Alabado sea el Señor Mi amigo hizo en !!!

No quiero perder nunca un momento así ....
Asi que.....
Cuando me pida el SEÑOR Para ministrar a Cristo a la vida de alguien ...
Lo haré...
yo debo Debo ministrar el perdón de los pecados ...

Para que las almas lleguen al cielo ...
Para que las almas puedan vivir en Cristo ...
Porque sinceramente no sabemos cuándo puede llegar la muerte ...
Quién sabe....
Puede ser más pronto para algunos ...

Espinas en mi almohada

DE ANGELA MARIE .... ESCRITO EL 21 DE JULIO DE 2017 A LAS 5:01 P.M.

Y aprendí que la Sangre de Jesús podría alcanzar las imágenes en mi sueño ...

Descansé mi cabeza
Y las imágenes me persiguieron
Y me acosaron y me intimidaron a
despertar con un miedo jadeante ...

Y tenía miedo de dormir debido a la guerra espiritual ...
Y descansé mi cabeza
Y pensamientos blasfemos desfilaban dentro de la circunferencia de mi cráneo ...
Imágenes taunting me ...
Representando ángeles que cayeron ...

Y lloré ...
Y lloré ...
Sin saber que hacer...

Y lloré ...
Y lloré ...
Porque en mi día los pensamientos
blasfemos y sorprendentes se arrastraban ...

Yo compartí mi difícil situación con una mujer de Dios ...
Estaba familiarizada con los lugares que mi cerebro
y mi trauma habían pisado.
Ella ministraba inquebrantablemente
sobre el amor y el poder de Dios.

Ella intercedió por mí todos los días
y habló de la victoria de Cristo ...

9

Habló de SU venida, Muerte, Entierro, Crucifixión,
Y Vida resucitada

Ella habló de la victoria de Jesucristo ...
Sobre satanás Y los ángeles destinados al infierno.
Y con el paso del tiempo ...
Dormí bien...

He aprendido el poder de la cruz.
He aprendido de la victoria de Cristo
y el amor por los perdidos ...

Suplico la Sangre de Jesús antes de irme a dormir ...
Y por causa de Jesús ...
Hay paz en mi sueño ...

Espinas violentas

DE ANGELA MARIE ESCRITO POR ANGELA MARIE 21 JULIO 2017 @ 11:19 P.M.

Y tomó su mano de gorila y la arrastró por el suelo ...
Y el sonido de la rotura de cristal gritó
Pero se detuvo en la puerta ...

Y se retorció el pelo alrededor de su mano
y la tiró como una muñeca deshilachada
Y ella se estremeció y se rompió ....
Entonces él agarró su cuello y apretó su agarre
Y unos diminutos aullidos de aire
escaparon de sus labios ...

Y tomó su puño tamaño gorila y
perforó un agujero en la pared
Y murmuró algunas palabras
En su botella de alcohol ....

Oh las cosas que escuché y lo vi hacer ...
Le prometí a mi madre,
¡Nunca haría lo que te hizo!

Y
Aquí estoy en 29 ...

Me vi a mí mismo
Un vistazo accidental en el espejo ...
Yo estaba infligiendo el mismo terror ...

Vi su boca ...
Sangre dentro y fuera ...
La vi gritar mientras casi la ahogaba ...

Y....
El abuso nunca se detiene allí ...
Le hice tanto daño que el dolor se sintió profundamente en usted sabe
dónde ....
Y durante los actos ...
No me importó....
No me importó...

Entonces hice una pregunta ....
Cuando el infliction fue hecho ...
Mientras mi hijo se escondía
Y Obligado a correr ....

¿Cómo puedo parar ...
Estoy haciendo lo que hizo ...
Y
¿Puede el Señor de los señores perdonar?

¿Puede perdonarme por estos actos repetidos que he hecho ....
A ella
Y
Los comportamientos
y visiones
vistos por mi hijo?

Sí
Sí
Sí

Cristo derramó su sangre por hombres
como yo ...
Tengo que confesar estos hechos secretos ...

Sí
Sí
Sí

Para mi vino
Para que me liberen ....

En mi estado sobrio ....
Debo alimentar mi mente Las cosas de Cristo ...
Para caminar en la novedad de la vida ...

Significa que debo ser honesto acerca
de mis desencadenantes ...
No puedo culpar a papi
cuando estoy actuando como un nigger ...

En mi estado sobrio ....
Debo alimentar mi mente Las cosas de Cristo ...
Para caminar en la novedad de la vida ...

Así que en mi estado de ánimo sobrio ....
Le pedí a Dios que arrestara mi puño
Y para ayudarme a resistir ...
Violentos impulsos que he visto y
convertido en ...
Y sé que las contusiones que he
causado no se pueden deshacer ...

Y su amor cubre una multitud de pecados ...
Y estoy invitando a Jesús
Amén...

Y HE perdonado a un hombre como yo ...
Y le estoy pidiendo que elimine esos violentos cardos y espinas violentas ...
Para podar las tormentas de cerveza y
explosivos ...

Soy hombre lo suficiente para pedir ayuda ...
En lugar de hacer temblar a los que amo, con terror y aullidos.

Una espina no mina

DE ANGELA MARIE ESCRITO EL 22 DE
JULIO DE 2017 A LAS 12:18 A.M.

Él estaba casado ...
ϒ miró sus ojos a mí ...
ϒ bailé mis caderas
ϒ no dijo nada con mis labios ...

ϒ no era mío ...
ϒ no me importaba ...

ϒ estaba casado ϒ con los niños ...
Pero su corazón era mi corazón

ϒ él hizo
qué hizo...

ϒ lo hice
lo que hice.

ϒ nuestro falso amor era cierto ...
ϒ dejamos que la cosa haga
Qué hace

ϒ no era mío ...

ϒ aunque yo lo tenía ...
Yo no lo tenía ...

ϒ no era mío ...
ϒ la vergüenza vino con este juego ...

ϒ él no era mío ....

en algún momento dejó que se
conociera ...
Ahora debería haberlo sabido mejor ...

Asi que....
Ahora que estoy deshecho
Y cansado de esconder esta cosa entre un sol eclipsado ....
Y me siento despreciado entre los juegos lujuriosos ...
Y actos que traen vergüenza ...

Él no estaba
No es mío

n amigo mío me llamó con una súplica ...
Ella me preguntó si quería ser libre ...

Para huir de esta situación ...
Esta lujuria ...
Este pecado ...
Le dije que lo amaba ...

Mi falso amor era la verdad ...

Y ella me recordó ...

-No te pertenece.

Ella dijo: "¡Jesús está dispuesto a perdonarte!"
Murió por mujeres como tú y yo ....
Ella dijo, "¿La mujer que usted elige para ser libre ??"
No sólo de él, sino el pecado que te
engulle ...

Le dije "Sí, sí, sí"

Y la fuerza magnética que me atrajo hacia él ....
Disminuye su potencia ...

Y esa espina ...
No voy a recoger de nuevo ...
Una mujer complaciente
Me nombró
Ahora nace de nuevo y es libre ....

Espinas en una Throng

Por Angela Marie Escrito el 22
de julio de 2017 @ 1:00 a.m

ϒ me reí ϒ yo bailé
ϒ hice una plantilla
ϒ lo seguí
ϒ hicieron lo que hicieron ...

ϒ yo bromeé
ϒ yo intimidado
ϒ me reí
ϒ yo bailé
ϒ hice una plantilla
ϒ lo seguí
ϒ hicieron lo que hicieron ...

Me sentí obligado a hacer las cosas a mi manera ....
Para separar de esta muchedumbre malvada de la cerveza ...
Pero la presión era abrumadora
ϒ hice lo que estaba mal ...

ϒ yo engañé
ϒ yo rumoreé
ϒ yo bromeé
ϒ yo intimidado
ϒ me reí
ϒ yo bailé
ϒ hice una plantilla
ϒ lo seguí
ϒ hice lo que hicieron ...

Me sentí obligado a dejar esta banda ...
Su mentalidad perturbadora
ϒ su conversación negativa Media...
y

enfermo
servicio...

Υ robé
Υ yo mutilé
Υ yo mate
Υ yo engañé
Υ yo rumoreé
Υ yo bromeé
Υ yo intimidado
Υ me reí
Υ yo bailé
Υ hice una plantilla
Υ lo seguí
Υ hice lo que hicieron ...

No tuve la fuerza para alejarme ...
Pero mi amigo lo hizo aunque
Υ vi su fuerza ese día.

Lo golpearon en la conversación
Pero no parecía importarle ...

Υ algo era diferente
en su postura tranquila ...
Dejó el grupo Dar a Cristo
una oportunidad ...

Υa no se unió a la muchedumbre enfermo servicio ...
Cuando hablaba ...
tenía una nueva canción ...

Él no estaba condenando o juzgando ...
Él acaba de hablar de Jesucristo y ...
Calvario....

Porque yo
estola

Y yo mutilé
Y yo mate
Y yo engañé
Y yo rumoreé
Y yo bromeé
Y yo intimidado
Y me reí
Y yo bailé
Y hice una plantilla
Y lo seguí Y
hice lo que hicieron...

Dudaba que Jesús pudiera perdonar lo que hice ...

No estaba condenando o juzgando.
Él acaba de hablar de Jesucristo y ...
Calvario....

Con lágrimas en los ojos
y una fe de pelusa ...
Di mi vida a Jesús ...
Mis pecados perdonó

Una espina de inocencia

ESCRITO POR ANGELA MARIE 22 DE JULIO DE 2017 @ 1:20 P.M.

No hice ninguna de esas cosas horribles ...
Excepto tal vez agregar a mucha mantequilla en mi trigo de crema ...
Yo era el sueño de mi madre ...

Estaba protegido y vivo bastante bien ...
Hago e hice todas las cosas que debería ...
Estoy bien...

No hice ninguna de esas cosas horribles ...
Excepto tal vez agregar demasiada mantequilla en mi trigo de crema ...
¿De qué pecado necesito ser redimido?

¡Entonces oí una fuerte voz en auge!

"¡Has nacido en y en el pecado chil '!
Y si no aceptas a Jesús en tu vida ...
Quiero decir que no dejes que tu
autodenominada inocencia te cause
una eterna contienda!!"

"¡Necesitas a Jesús! "Gritó de nuevo la voz.
"Bueno comparado con la Santidad
No te llevará al cielo!!!"

Bueno, esas palabras me despertaron de mi ensueño ...
La verdad del asunto es que todos
necesitamos ser redimidos.

Así que, después de que el predicador
lo dijo de nuevo
"Bueno comparado con la Santidad
¡No te llevará al Cielo!"

Asi que Me decidí...
Una buena decisión ...
Pasar mi vida y relación con Jesús
En lugar de mi religión de la inocencia ...

"¡Necesitas a Jesús!", Gritó de nuevo la voz.
"Bueno comparado con la Santidad
No te llevará al cielo !!!"

Bueno, esas palabras me despertaron de mi ensueño ...
La verdad del asunto es que todos
necesitamos ser redimidos

Espinas en mi curva ...

POR ANGELA MARIE ESCRITO EL 22
DE JULIO DE 2017 @ 7:48 A.M.

Y yo gravito hacia aquellos con las mismas partes de género que la mía ...
Y ha sido así desde hace algún tiempo ...

Y disfruto de mi deseo sexual ...
Y según algunos mi final es Infierno...
Condenación...
Fuego...

He luchado con este pensamiento ...
Y me asfixié ...
Y me decidí ...
Que prefiero tener sexo con alguien
con las mismas partes de género que
la mía ...

Entonces, ¿qué dices, predicador?
Para alguien como yo ...
Tengo una pareja
Y estamos casados para ser...

El sabio y callado predicador me dijo ...
"Cualquiera que sea tu curva ...
Para fornicar,
mentir,
robar,
Tener preferencia sexual del mismo tipo ...
Aquí está la línea de fondo ...

Debes nacer de nuevo

Todo es pecado ...
Si es usted o yo ...

Y las curvas que doblamos
Y las inclinaciones que inclinamos
Tiene que ser dado a HIM ...

Infierno Condenación Fuego....
Es un destino para todos nosotros
Si en Cristo no confiamos ...

El mentiroso
El ladrón

El asesino
El niño
El hombre
Debe dar la espalda a su curva
Y en Cristo
Comienza una nueva vida ...

Hay misericordia para usted ...
El cielo y una relación con Jesucristo ...
No es diferente que el ladrón,
el mentiroso,
Y me puso en esa lista ..."

Así que escuché y dejé entrar a Jesús ...
Demonio condenación y fuego
No será mi final

Hice una elección.

Espinas En Mis Flores

Por Angela Marie escrito el 24 de julio de 2017 a las 12:04 p.m.

Una bendición soy ...
Sí, una mujer hermosa ...
Una diva de hecho!

Soy afilado y estropeando
Y inteligente como puede ser ...
Pero mis venenos son perjudiciales y
profundos ...

Y Con todo lo que exude ...
Mi veneno no se puede ver ...

Mi veneno es como el éter ...
Porque hablo con una sonrisa ...
Pero ...
discordia intencional y engaño ...

Es lo que se filtra de mi aroma.

De repente
verás UN Su...
Y la odio ...

Y me sentaré en el regazo de su marido ...

Soy la funeraria ...

Mientras que usted está impresionado con mi presentación ...
Tengo espinas de éter que corren profundamente ...
Y hay secretos que guardo ...

Hay una razón
Que soy tu enemigo disfrazado ...

Y hay secretos y razones
No puedo dejarlo

Entiéndeme...
Y ámame...
Y ser advertido ...

Te apuñalaré En esta guerra ...
Hasta que yo sea entregado y verdadero ...
Cuida tu corazón...
Voy a buscarte

Pétalos de rosa en el Barstool

Por Angela Marie escrito Lunes
24 de julio 2017 @ 7:31 p.m.

Me encontré con la iglesia
Directamente desde el club
Sin cambio de ropa
Sólo el vestido en el que estaba ...

Y la primera persona que conocí
¿Alguien usherin '...

Ella me miró de arriba abajo
con desdén en sus ojos
Vi en su mirada el hedor del desprecio ...

Mi vestido estaba claramente más allá de mis rodillas
Sus ojos me juzgaron únicamente
Por lo que ella vio ...

Anoche en medio de la fiesta
Las balas volaron
Amigos se fueron muriendo

Así que con el miedo en mi corazón
Y conocimiento de la PALABRA de Dios
Corrí en mis talones
Directamente a la iglesia ...

Yo estaba asustada
y sabía que necesitaba a Jesús justo entonces ...
Pero casi cambié de opinión por el
juicio del ujier ...

Pero la muerte estaba demasiado cerca ...

Dejé que Jesús ...

26

Caminé por la isla
en el vestido deslumbrante más allá de mis rodillas
Y el olor de la hierba común y atada en
mi pelo tejido ...
Necesitaba a Jesús y no me importaba ...

Así que corrí por el pasillo cuando
llegó el llamado a venir a Cristo ...
La muerte estaba demasiado cerca
Como niebla y lluvia ...

Necesitaba
un interno
Eterno
y Espiritual
cambio...

Pero más tarde nadie me llamó ...
Nadie siguió con una llamada ...
la verdad es No sabía cómo caminar este paseo ...

Así que volví al club ...
Y tuve una bebida y una cucaracha ...
Y sorprendentemente Una viejita para mí
Hizo un acercamiento...

Ella dijo "Escuché tu testimonio en la iglesia ...
Ese día en particular, estabas tan abrumado ...
Y estoy muy contento Que eligió el cielo sobre el infierno ...
Por cierto, trabajo en este lugar,
Un lugar extraño para hablar de la gracia de Dios ... I
bartend allí
Y voy a ayudarte a caminar este paseo ...
Así que pon esa cucaracha y hablamos ...

Déjame mostrarte esta escritura

Jesús te ama mi hermana ...

Espina en mi nacido otra vez

POR ANGELA MARIE ESCRITO EL 24 DE
JULIO DE 2017 A LAS 10:34 P.M

Me metí en lo alto
No puedes comprender

El alto era un alto

¡Incomprensible para mí!

Me estaba poniendo alto
Pero la alta me estaba consiguiendo ...

Scheming mientras me rascaba el brazo ...
yo robaría y mataría

Para sentir la emoción del calor líquido ...

Detrás del banco me paré y canté un himno

Viendo el reloj
Y esperando la bendición ...

Me esforzaría un poco ...
Y momentos más tarde llegar a la derecha ...

Y allí fui
En el camino viejo ...

    oh cómo mi alma
        Gritó cada vez que el calor líquido tomaba el control ...
Y fui a ensayar
y nadie estaba al tanto de mi vergüenza ...
Y sí que luché ....
Mientras nació de nuevo ....

Ir a la rehabilitación sonaba peor para
mí que la vergüenza de inhales en Old Road ...
Vómitos y destete
NO NO NO....

Luego sermones sobre la santidad
y el verdadero amor de Dios ...
Complicado la dirección de mis pies
Se deslizó y pisó ...

¡Qué estoy haciendo!
¿Por qué no puedo parar?
¿Puede Dios ayudarme a ayudarme a
mí mismo?

Y seguí predicando y nadie estaba enterado
de mi vergüenza ...
Y sí luché
Mientras nació de nuevo ...

sí que esta vez como el WORD mantuvo la convicción de mi corazón ...

Le pregunté a Dios: "¿Por dónde empiezo?"
Como el rey David,
Confesé mis pecados

Y le pedí a Jesús que me limpiara de esto ...
Y fuera a la rehabilitación fui de nuevo ...
Y se apoyó en Cristo con toda mi fuerza ...
Esta fue una lucha personal y duelo!

Vomité y sudaba y gritaba
Y pasó por el proceso de ser líquido libre de calor ...
E invitó al SEÑOR a fortalecerme ...
Y seguí cantando y nadie estaba enterado de mi vergüenza ...
Y sí luché
Mientras nació de nuevo ...

sí, vomité y sudaba y grité
Y pasó por el proceso de ser líquido libre de calor ...
Y rogó al SEÑOR que me fortaleciera ..

Y Jesús me liberó de nuevo ...
De la sustancia
Desde esa incomprensible altura ...
Como si me amara
Y me perdonó mis mentiras ...
Me perdonó mis mentiras
Él perdonó mis pecados ...
Sí, lo hizo de nuevo ...

Y seguí diaconando
y nadie estaba enterado de mi vergüenza ...
Y sí luché
Mientras nació de nuevo ...

Pinchado por un pétalo

Por Angela Marie Escrito el 25
de julio de 2017 @ 2:43 p.m.

Ella infligió dolor especialmente mientras dormía ...
Ella golpeó y perforó y su secreto guardé ...

Ella me quemó con rizos
Y cuando menos se esperaba abofeteó y rascó mi ojo derecho ...
Sin ninguna razón su cólera era salvaje ...

Y cuando sostuve sus manos para impedir que me calibrara la cara ...
Ella fue frenética y rasgó el lugar ...
Los policías me arrestaron porque ella corrió por la puerta ...
Su voz gritaba y gritaba en abundancia ...

Yo estaba avergonzado para expresar mi difícil situación ...
¿Una mujer golpeando a un hombre?
¿Quién me creería ...?
¿Quién entendería?

Ella abusó y abusó de mí y mi estima
encogida bajo las suelas de mi zapato ...
¿Quién me creería ...?
¿¿Quien??

Me arrojó una lámpara y me agaché justo a tiempo ...
Pero en el exterior ...
Nuestra relación fue sublime ...

¿Quién me creería ...?
¿¿Que debería hacer??
La mujer me amaba
Con la suela de su zapato ...

31

De alguna manera me siento merecedor de estos atormentadores rants ...
Pero dejar de amarla ...
No puedo ...

Así que me cansé Y me fui ...
Y lloré en mis grandes manos
Y comenzó a rezar ...

De alguna manera me siento
merecedor de estos atormentadores rants ...
Pero dejar de amarla ...
No puedo ...

Me sentí débil Débil
Sentí que mi amor estaba equivocado
Me sentí pequeño

No grande...
Me sentí roto como una rama de árbol astillada ...

Jesús puedes entender?
¿La debilidad que siento como un hombre?

Ayúdame a separar mi vergüenza y mis sentimientos ...
Estoy teniendo una sequía emocional y espiritual ...

Por favor fortalecedme ...
Y muéstrame USTED ....
Honestamente, no sé qué hacer ...

Siento de SU presencia,
Sé que entiendes La debilidad que siento
como hombre ...

De alguna manera siento que me amas ...
Y que USTED quiere que yo esté libre de quemaduras,
cortes e inflicciones cuando duermo ...

De alguna manera USTED no quiere que me paren con los hombros
caídos
temerosos de hablar ...

Te necesito para reconstruirme
Y afirmar que está bien no aceptar el amor
que no es amor Pero torcido y abusivo ...
Y que hay amor por mí ...

Un hombre... Un abuso ...

Pétalos marchitados y tallos debilitados

Por Angela Marie escrito el 25/07/2017 @ 3:22 p.m.

No podría rezarlo ...
No pude controlarlo ...
No pude levantarme
No podía dejar de hacerlo ...

Lloré sin razón
Y no podía parar ...
Cuando me vestí Llevaba calcetines que no coincidían ...

No me importaba
No pude comer
Todo lo que quería hacer era dormir,
dormir,
dormir ...
Y mi sueño era húmedo y profundo ...

¿Un cristiano que sufre de depresión?
¿Tomar medicamentos?

No podría rezarlo ...
No pude controlarlo ...
No pude levantarme
No podía dejar de hacerlo ...

Tomé la medicina que necesitaba
Y de tristeza
Y una tierra de no cuidado Me liberé

Sí, me liberé ...

No hay verguenza
Sólo ten en cuenta ...
Mi amigo cristiano

Tome el cuidado apropiado ...

Vaya al psiquiatra y consiga la ayuda si usted la necesita ...
Y de la tristeza y la oscuridad húmeda ser liberado ...

Sí liberado ...

No hay verguenza
Sólo ten en cuenta ...
Mi amigo Cristiano
Tome el cuidado apropiado ...